Cantiques

de Ste. Geneviève,

de St. Hubert

et de St. Alexis.

CANTIQUES

SPIRITUELS

DE S.ᵗᵉ GENEVIÈVE, SAINT HUBERT, SAINT ALEXIS,

SUR LE

JUGEMENT UNIVERSEL

ET LES

CONTRE-TEMS D'APRÉSENT,

Avec une Oraison jaculatoire à saint Hubert, Patron des Ardennes.

A PORRENTRUY,

Chez DECKHERR, Frères, Imprimeurs-Libraires.

1813.

CANTIQUE SPIRITUEL,

*Sur l'innocence de Geneviève, re-
connue par son Mari.*

Sur l'air : *Que devant vous tout s'abaisse.*

APPROCHEZ-VOUS, honorable assistance,
      pour entendre réciter en ce lieu.
L'innocence reconnue et patience
De Geneviève très-aimée de Dieu,
Etant Comtesse de grande Noblesse,
Née du Brabant était assurément.

      Géneviève fut nommée au Baptême,
Ses père et mère l'aimaient tendrement ;
La solitude prenait d'elle-même,
Donnant son cœur au Sauveur Tout-Puissant ;
Ses grands mérites firent qu'à la suite,
A dix-huit ans fut mariée richement.

      En peu de tems s'éleva grande guerre ;
Son Mari, Seigneur du Palatinat,
Fut obligé, par son honneur et gloire,
De quitter la Comtesse en cet état,
Etant enceinte d'un mois sans feinte,
Fit ses adieux ayant les larmes aux yeux.

      Il a laissé son aimable Comtesse
Entre les mains d'un méchant Intendant,
Qui l'a voulu séduire par finesse,
Et l'honneur lui ravit forçablement ;
Mais cette Dame pleine de flammes,
N'y voulut consentir nullement.

Ce malheureux accusa sa Maîtresse
D'avoir péché avec son Ecuyer:
Le Serviteur fut gagné par caresse,
Et la Comtesse fut emprisonnée,
Chose assurée, est accouchée
Dans la prison d'un beau petit garçon.

Le tems fini de toutes ces grandes guerres,
Ce Seigneur s'en revint dans son pays,
Golo s'en fut au-devant de son Maître
Jusqu'à Strasbourg accomplir son désir;
Ce téméraire lui fit accroire
Que sa femme adultère avait commis.

Etant troublé de chagrin dans son âme,
Il chargea Golo ce tyran,
D'aller au plutôt faire tuer sa Femme,
Et massacrer son petit innocent;
Ce méchant traître quitte son Maître,
Va d'un grand cœur exercer sa fureur.

Ce bourreau, à Geneviève si tendre,
La dépouilla de ses habillemens,
De vieux haillons la fit vêtir, et prendre
Par deux valets fort rudes et très-puissans,
L'ont emmenée, bien désolée,
Dans la forêt avec son cher enfant.

Geneviève approchant du supplice,
Dit à ces deux valets : tout en pleurant,
Si vous voulez bien me rendre service,
Faites-moi mourir avant mon enfant;
Et sans remises je suis soumise
A votre volonté présentement.

La regardant, un dit: Qu'allons-nous faire?
Quoi! un massacre ! je n'en ferai rien;
Faire mourir notre bonne Maîtresse,

Peut-être un jour elle nous fera du bien !
Sauvez-vous, Dame pleine de charmes ;
Dans la forêt, qu'on ne vous voie jamais.
  Au fond d'un bois, dedans une carrière,
Geneviève demeura pauvrement,
Etant sans pain, sans feu et sans lumière ;
Ni compagnie que son très-cher enfant ;
Mais l'assistance la substante ;
C'est le bon Dieu qui la garde en ce lieu.
  Elle fut visitée d'une pauvre biche,
Qui tous les jours allaitait son enfant ;
Tous les oiseaux chantent et la réjouissent,
L'accoutumant à leur aimable chant ;
Les bêtes farouches près d'elle se couchent,
La divertissent, elle et son cher enfant.
  Voici son Mari en grande peine,
Dans son Château consolé par Golo ;
Ce n'est que jeux et festins qu'on lui mène ;
Mais tous ces plaisirs sont mal-à-propos,
Car dans son ame, sa chère Dame
Pleure sans fin avec un grand chagrin.
  Jésus-Christ a découvert l'innocence
De Geneviève par sa grande bonté,
Chassant dans la forêt en diligence,
Le Comte des chasseurs s'est écarté
Après la biche qui est nourrice
De son enfant, qu'elle allaitait souvent.
  La pauvre biche s'enfuit au plus vîte
Dedans la grotte auprès de l'innocent ;
Le Comte aussi-tôt faisant la poursuite
Pour la tirer de ce lieu promptement,
Vit la figure d'une créature
Qui était nue auprès de son enfant.

Appercevant dans ce lieu obscur
Une femme couverte de cheveux,
Lui demanda : Qui êtes-vous, créature ?
Que faites-vous dans ce lieu ténébreux ?
Ma chère amie, je vous en prie,
Dites-moi donc s'il vous plaît, votre nom.

Geneviève, est mon nom d'assurance,
Née du Brabant, où sont tous mes parens,
Un grand Seigneur m'épousa sans doutance,
Dans son pays m'emmena promptement ;
Je suis Comtesse de grande Noblesse,
Mais mon Mari fait de moi grand mépris.

Il m'a laissée, d'un mois étant enceinte,
Entre les mains d'un méchant Intendant,
Qui a voulu me séduire par contrainte,
Et me faire mourir semblablement ;
De rage félonne dit à deux hommes
De me tuer, moi et mon cher enfant.

Le Comte ému reconnaissant sa femme,
Dedans ce lieu la regarde en pleurant ;
Quoi ! est-ce vous, Geneviève, chère Dame,
Que je pleure il y a si long-tems ?
Ah, Dieu ! quelle grace dans cette place
De rencontrer ma chère bien-aimée !

Ah ! que de joie ! au son de la trompette
Voici venir la chasse et les Chasseurs,
Qui rencontrèrent le Comte, je proteste,
A ses côtés sa femme, aussi son cœur :
L'enfant, la biche, les chiens chérissent,
Les serviteurs rendent graces au Seigneur.

Ce grand Seigneur, pour punir l'insolence
Et la perfidie du traître Golo,
Le fit juger, par très-juste sentence,

D'être écorché vif par un bourreau ;
A la voirie, l'on certifie,
Son cadavre fut jeté par morceaux.

---

*Cantique spirituel sur la conversion
et la pénitence de saint Hubert.*

Sur l'air : *Du bon Jésus.*

Ouvrons notre mémoire,
  Et élevons nos yeux
Jusqu'au centre des cieux,
Pour publier la gloire
Du bien-aimé de Dieu.
Le grand saint Hubert,
Si réclamé par tout l'univers ;
Publions en tous lieux
Le pouvoir de ce saint glorieux.
  Parmi la loi païenne,
Saint Hubert fut né
De noble lignée,
Fils du Duc d'Aquitaine,
En France fut renommé,
Par son premier exploit
Il fut s'offrir au service du Roi,
Où il fut surement
Fait capitaine à son consentement.
  Hubert en son jeune âge

Eut l'honneur d'avoir,
Comme ayant le pouvoir,
Floribanne en mariage,
Fille du comte Dagobert;
Demeurant à Louvain,
La chasse était son plus grand entre-
tien ;
Le plaisir et la joie
De saint Hubert était parmi les bois.
    Le Seigneur par sa grâce
Changea bien ce Païen
Au nombre des chrétiens
Dans une partie de chasse,
Le jour du Vendredi-Saint,
Chassant dans la forêt,
Il guide un cerf et le poursuit de près,
Comme un chasseur,
Il espérait d'en être le vainqueur.
    Le cerf lui résiste,
Lui disant : crois-moi
Chasseur, arrête-toi,
En vain tu fais la poursuite
Au divin Roi des Rois,
Regarde-moi dans ce lieu;
Figure-toi que je suis ton vrai Dieu;
Je viens te convertir,

Quitte la chasse et bannis tes plaisirs.
  Hubert mit pied à terre,
Et fut bien surpris
De voir ce crucifix
Entre les bos d'un cerf
Qu'il avait tant poursuivi;
Prosterné à genoux,
Il dit: Seigneur que me demandez-
    vous?
Dites-moi dans ce lieu
Ce qu'il faut faire pour vous plaire,
    mon Dieu.
  Si-tôt la voix répète,
Lui disant: Hubert,
Va trouver saint Lambert,
Evêque de Maëstrickt;
C'est lui qui te doit baptiser;
Tu apprendras soudain
De ce saint homme à vivre en Chré-
    tien ;
Tu seras patrons des chasseurs,
Et des ardennes c'est pour ton bon-
    heur.;
  Hubert s'en fut à Maëstrickt
Trouver saint Lambert,
Lui dit d'un cœur ouvert:

A 5

Très-digne et saint Evêque,
C'est vous qui devez me baptiser ;
Je viens les larmes aux yeux,
Me prosterner de la part de mon Dieu ;
Soyez mon protecteur,
Enseignez-moi la vraie Loi du Sei-
    gneur.
    Saint Lambert le baptise,
Charitablement lui apprit à l'instant
A vivre selon l'Eglise,
Et le fit vrai Pénitent ;
Après quoi saint Hubert,
Pendant sept ans, resta dans un désert,
Se traitant en rigueur,
Se nourrissant de racines et de pleurs.
    Après que ce saint homme
Eut assez souffert
Sous l'habit de Solitaire,
Et pour le récompenser,
Un Ange du ciel envoyé
Lui donna la sainte Etole et la Clef
Qui fera préserver
Tous les chrétiens d'animaux enragés.

Cantique sur le Jugement universel.

Sur l'air : *Je n'irai plus à l'opéra.*

AU nom du sauveur Jésus-Christ,
Chrétiens, réveillez vos esprits,
Pour entendre et connaître, pécheurs,
L'état où il faut être
Devant le Seigneur.

Quand ce terrible jour viendra,
Où Jésus-Christ nous jugera,
Selon nos consciences, pécheurs,
Nous aurons récompense
Devant le Sauveur.

Le Soleil, la Lune en ce tems,
Et les Etoiles du Firmament,
Finirons leur carrière, pécheurs,
Et perdront la lumière
Devant le Sauveur.

Tout l'univers sera en feu,
Sans laisser terre en aucun lieu,
Faisant un grand tonnère pécheurs,
Et tremblement de terre
Devant le Sauveur.

Quatre trompettes sonneront,
D'une épouvantable façon,

A 6

Nos corps mis en poussière, pécheurs,
Reprendront la lumière
Devant le Sauveur.

Jésus-Christ descendra cette fois,
Du Ciel en terre portant sa Croix ;
Nous rougirons de honte, pécheurs,
Quand faudra rendre compte
Devant le Sauveur.

Que feront ces orgueilleux,
Et ces superbes ambitieux,
Pour mépriser leurs frères, pécheurs ?
Ils seront en misère
Devant le Sauveur.

Ces médisans qui tâchent enfin
D'ôter l'honneur à leur prochain,
Ne trouveront point d'excuses, pé-
cheurs ;
Un jour devant leur Juge,
Le divin Sauveur.

Et ces mauvais blasphémateurs,
Qui renient Dieu leur Créateur,
Brûleront dans les flames, pécheurs,
En corps aussi en âme,
Devant le Sauveur.

Ces ambitieux, traîtres et malins,
Qui trompent veuves et Orphelins,

Seront punis, faut croire, pécheurs,
C'est de la main sévère
Du divin Sauveur.

   Que feront tous ces usuriers,
Qui gardent le bien des ouvriers ?
Voudraient ne point paraître, pé-
     cheurs,
Un jour devant leur Maître
Le divin Sauveur.

   Et plusieurs de ces libertins,
Méprisant les offices divins,
Aux jeux et débauches, pécheurs,
Vous perdez Messes et Vêpres,
O Dieu ! quel horreur !

   Coquettes, cachez votre sein,
Et ne fardez votre teint.
Car toutes ces offences, pécheurs,
Causeront vos souffrances
Devant le Sauveur.

   Ces gloutons, ivrognes et gour-
     mands,
Qui font jeûner femmes et enfans,
Satan sera leur maître, pécheurs ;
Jésus ne veux plus être
Leur divin Sauveur.

   Les enfans désobéissans,

A père et mère et leurs parens,
Sont privés, il faut croire pécheurs,
Du séjour de la gloire
Du divin Sauveur.

Prions le Sauveur Tout-Puissant,
Qu'il nous préserve incessamment,
Aussi la sainte Vierge, pécheurs,
Afin qu'il nous protège
Devant le Sauveur.

Cantique à l'honneur de St. Alexis.

Sur un air nouveau.

CHrétiens, qui vous plaisez
A entendre chanter,
Ecoutez, je vous prie,
D'un Dieu l'original,
D'Alexis la copie
De son riche travail.

Alexis étant grand,
Pour plaire à ses parens,
Consent au mariage !
Sans pouvoir l'éviter ;
On commença les nôces,
On les fit épouser.

Le soir après souper
On va se reposer;
Grand Dieu! quelle merveille!
Il fit résolution
De quitter son épouse
Pour prendre l'oraison.

Son dessein étant fait,
Entre en son cabinet,
Il prit une ceinture
Et une bague d'or,
Les donne à son épouse,
Et il s'en va d'abord.

L'illustre conquérant,
S'en va toujours cherchant
Quelque barque ou navire
Qui puisse l'emmener
Bien loin de sa patrie,
Pour fuir le danger.

Notre Saint embarqué,
A Edesse est allé,
Tant par mer que par terre,
Qu'en bien d'autres pays,
Faisant beaucoup d'aumônes
Aux pauvres ses amis.

Sa sainteté brillait,
Tout le monde y courait;

Il voulut encore fuir
Tous ces vains honneurs ;
Pour cet effet s'embarque ,
A Rome il vient vainqueur.

A Rome étant arrivé ,
Son père à rencontré ,
Lui demanda l'aumône
D'un coin de son logis ;
Euphémien lui accorde ,
Sans connaître son fils.

Dix-sept ans a resté
Sous un pauvre degré
Alexis bien aise
De ce voir maltraité ;
Des valets de son père ,
Sans l'avoir mérité.

Son Epouse souvent
Lui passait par devant
Ne pouvant le connaître ,
Tant il était défait ,
En disant : Alexis ,
Que puis-je vous avoir fait ?

Alexis dans son cœur
Ressentait ses douleurs ,
Disant : C'est moi qui suis cause
Des peines et des tourmens

Que mon épouse endure,
Aussi tous mes parens.
    Qu'avez-vous connu en moi
Qui vous ait obligé
D'ainsi m'abandonner ?
Pourquoi mépousez-vous,
Si vous n'aviez dessein
D'être mon cher époux ?
    Mais Dieu par sa bonté
L'eut bien-tôt consolé ;
Il lui inspira d'écrire
Son nom à ses parens,
Aussi-tôt rendit l'âme
Au Sauveur Tout-puissant,
    Notre Saint étant mort,
On entendit d'abord
Une voix à saint Pierre,
Qui s'écria hautement:
Chez Euphémien repose
Le corps d'un innocent.
    Le Pape fut averti,
Et l'Empéreur aussi,
Qui vinrent tous deux ensemble
Se prosterner humblement,
Le papier lui demandent,
Aussi tôt il le rend.

Le chancelier le lit,
En peu de mots il dit :
Je m'appéle Alexis,
Fils de cette maison,
Où mon père et ma mére,
Et mon épouse y sont.
   Le père étant présent
Tomba mort sur le champ ;
La mére fut avertie
De ce triste accident,
Aussi sa belle-fille,
Qui vint semblablement.
   Qui verrait sans pitié
Ces femmes éplorées ?
Si vous eussiez vu la mére
S'arrachant les cheveux,
L'épouse se jeter
Sur le corps précieux.

*Cantique spirituel, sur les contre-
tems d'à-présent.*

Sur l'air *de Madame la Dauphine.*

CHrétiens, considérons les fléaux
Dont Dieu punit nos crimes :
Depuis long-tems de mille maux
Nous sommes les victimes ;
Dieu pour nous rendre pénitent,
Nous punit en bon père ;
Nous l'offensons incessamment,
Malgré tant de misères.

Dieu irrité depuis long-tems,
Nous afflige sans cesse ;
Nous ne voyons que contre-tems,
Que grêle ou sécheresse ;
La terre ingrate ne rend plus
Ses fruits à l'ordinaire ;
Nous sommes ô divin Jésus !
Réduits à la misère.

Les grêles et les vents et les eaux
Ravagent les campagnes ;
Tout souffre, jusqu'aux animaux,
Aux plaines et aux montagnes ;

L'on apperçoit de tous côtés
Que des vergés stériles,
Et des vignobles maltraités,
Qui ne sont plus fertiles.
　　L'on ne connaît plus les saisons,
Elle sont en désordre,
Le printems n'a que des frissons,
L'été n'est plus dans l'ordre,
L'automne glace les raisins,
L'hiver géle les arbres ;
Le Laboureur souffre la faim ;
L'on ne voit que désastres.
　　La guerre on a vu s'allumer
Dans tous les coins du monde,
Et tous les potentats s'armer
Sur la terre et sur l'onde ;
Le Marchand perd tout son fonds ;
L'ennemi lui enlève,
Ou un naufrage le confond ;
Ses maux n'ont plus de trève,
　　Les ouvriers courent vagabonds,
Pour chercher de l'ouvrage ;
La plupart se rendent frippons,
Et s'adonnent au pillage ;
Les enfans sont abandonnés,
Et mis à la voirie ;

Et ces petits infortunés
Ne trouvent pas leur vie.
   Tous les saints jours sont profanés
Par débauches excessives ;
La jeunesse aux jeux acharnée,
Et aux danses lascives :
Les pères mangent dans un jour
Le gain de la semaine ;
Femmes et enfants sont sans secours,
Sans pain et dans la peine.
   L'on ne voit de la Religion
Qu'une écorce grossière,
Chacun vit selon sa passion.
Laissant les Loix en arrière ;
L'on viole les commandemens
De Dieu et de l'Eglise
L'on profane les sacremens
De gré et par malice.
   Droiture n'est, ni charité,
Ni foi, ni conscience,
Dieu a raison d'être irrité,
D'exercer sa vengeance ;
L'on se rit des prédicateurs,
L'on s'ennuie à l'Eglise ;
L'on blâme encore les confesseurs,
Et on les tyrannise.

Les gens de bien sont opprimés,
L'on ne voit que rapine,
Que chicaneurs acharnés
Pour mettre la famine !
La veuve comme l'orphelin,
Le paysan sans science,
Chacun s'attrape, et le plus fin
Met l'autre à l'indigence.

Le riche a un cœur de rocher
Envers le misérable ;
Ses cris bien loin de le toucher,
Le rend inexorable :
Se prévalant de son besoin,
Il lui vend à usure ;
Plus de crédit, l'on en fait point
Qu'en hypothèque sûre.

Il se fait des prédications
Plus fortes qu'à Ninive ;
Quand Jonas y fit sa mission,
Tous changèrent de vie,
Le roi, les grands et les petits,
Tous firent pénitence ;
En leur faveur Dieu s'attendrit,
N'en tira point vengeance.

Les Pasteurs ont beau s'écrier
De faire pénitence,

Qu'il faudrait jeûner et prier
Pour calmer la vengeance ;
Rien n'arrête les malheureux,
Les plaisirs les entrainent ;
Si le Seigneur n'a pitié d'eux,
Leur perte est très-certaine.
    Faites, Grand Dieu ; que les pé-
      cheurs
Vivent et se convertissent,
Qu'ils écoutent avec ferveur
Ceux qui les avertissent ;
On leur parle de votre part,
Et ils restent insensibles ;
Je crois qu'en vous cherchant trop
      tard ,
Ils vous trouvent inflexible.

Oraison jaculatoire à saint Hubert,
*   Patron des Ardennes.*

Divin flambeau enflamé de l'amour
de Dieu nous vous réclamons
et prions de nous secourir de jour en
jour contre le démon , qui fait la
guerre à nos âmes. Gardez-nous , Pa-

tron d'honneur, de tous les malheurs,
Par Notre-Seigneur Jésus-Christ.

La sainte Vierge Mère de Dieu, lui envoya par un Ange une Etole ; laquelle est soigneusement gardé dans l'Abbaye des Ardennes. Elle produit de merveilleux effets à l'endroit des personnes navrées de sang par gens et bêtes vexées de rages.

O saint Hubert, rempli de bonté ! tenez-nous lors en ferme foi et sauveté, et nous gardez de morsures dangereuses, de tonnère, de fièvre, sorciers, sorcières, de violens esprits. Par Notre-Seigneur Jésus-Christ.

Ceux et celles qui réciteront dévotement cette Oraison, nul mal ne leur arrivera, moyennant la grâce de Dieu.

FIN.

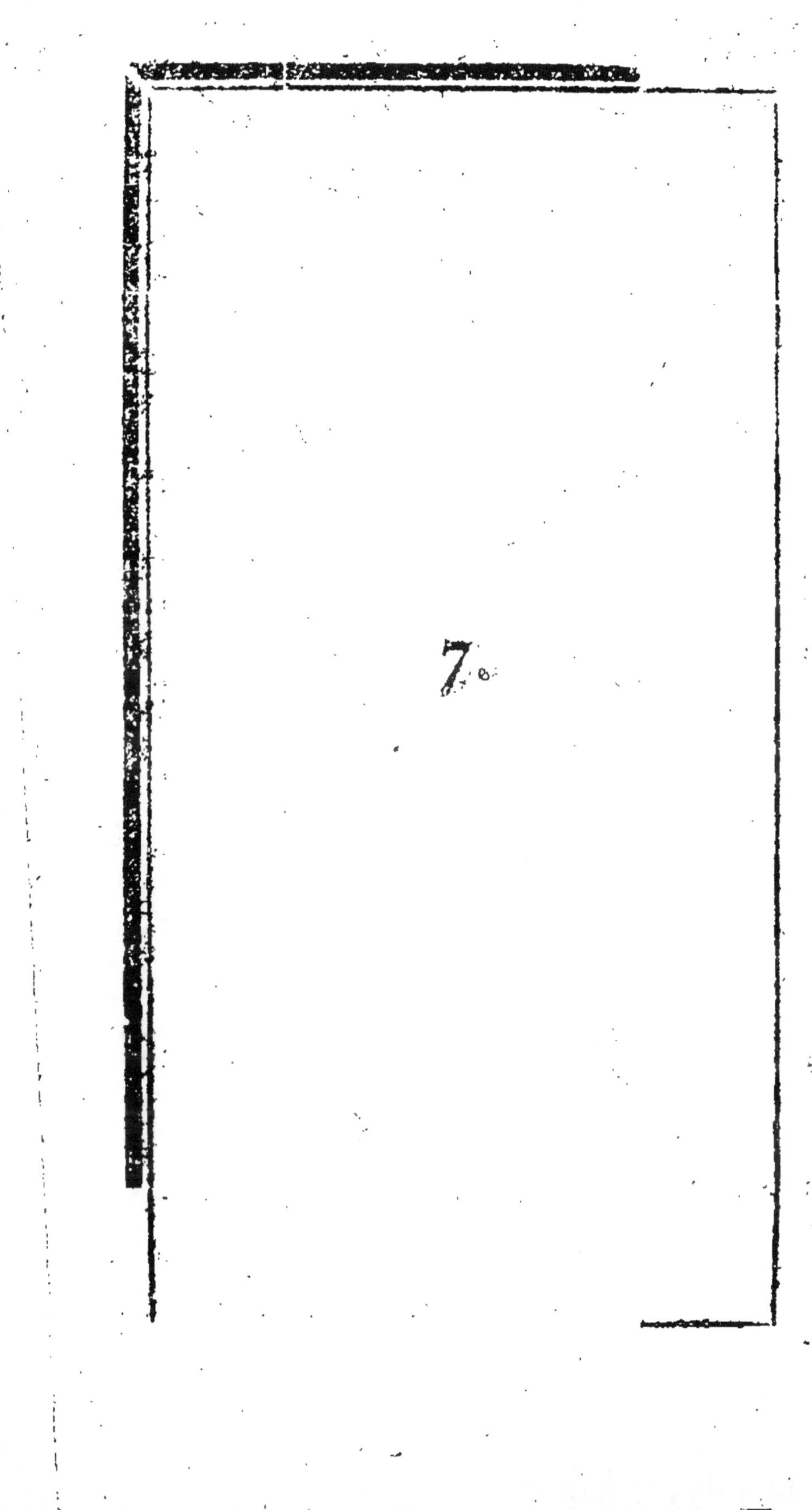
7.

www.ingramcontent.com/pod-product-compliance
Lightning Source LLC
Chambersburg PA
CBHW051151050726
47594CB00007B/2838